Milton Keynes UK
Ingram Content Group UK Ltd.
UKHW020437221124
451243UK00004B/31

9 781839 904769